Les animaux les plus meurtriers

Le mamba noir

Un livre de la collection
Les branches de Crabtree

Amy Culliford

Soutien de l'école à la maison pour les parents, les gardiens et les enseignants

Ce livre très intéressant est conçu pour motiver les élèves en difficulté d'apprentissage grâce à des sujets captivants, tout en améliorant leur fluidité, leur vocabulaire et leur intérêt pour la lecture. Voici quelques questions et activités pour aider le lecteur ou la lectrice à développer ses capacités de compréhension.

Avant la lecture

- *De quoi ce livre parle-t-il?*
- *Qu'est-ce que je sais sur ce sujet?*
- *Qu'est-ce que je veux apprendre sur ce sujet?*
- *Pourquoi je lis ce livre?*

Pendant la lecture

- *Je me demande pourquoi...*
- *Je suis curieux de savoir...*
- *En quoi est-ce semblable à quelque chose que je sais déjà?*
- *Qu'est-ce que j'ai appris jusqu'à présent?*

Après la lecture

- *Qu'est-ce que l'autrice veut m'apprendre?*
- *Nomme quelques détails.*
- *Comment les photographies et les légendes m'aident-elles à mieux comprendre?*
- *Lis le livre à nouveau et cherche les mots de vocabulaire.*
- *Ai-je d'autres questions?*

Activités complémentaires

- *Quelle est ta section préférée de ce livre? Rédige un paragraphe à ce sujet.*
- *Fais un dessin représentant l'information que tu as préférée dans ce livre.*

TABLE DES MATIÈRES

UN SERPENT MEURTRIER

L'Afrique est une **vaste** terre pleine d'animaux meurtriers. Les hippopotames, les éléphants, les crocodiles et les lions sont les premiers auxquels on pense. Après tout, ils sont gros et assurément dangereux. Un autre animal dangereux mérite peut-être encore plus d'attention : le mamba noir. Le mamba noir est l'un des serpents les plus meurtriers d'Afrique.

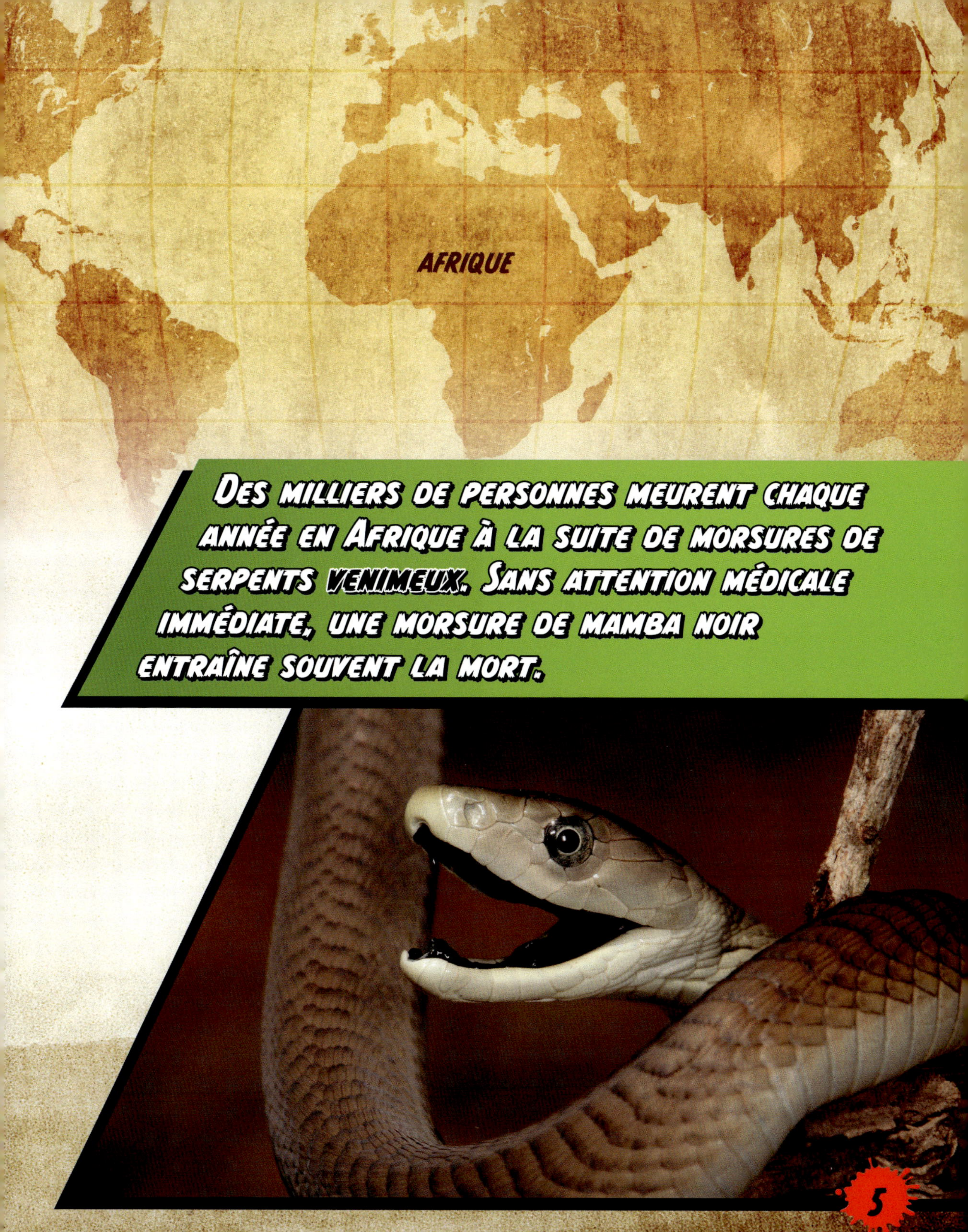

Des milliers de personnes meurent chaque année en Afrique à la suite de morsures de serpents **venimeux**. Sans attention médicale immédiate, une morsure de mamba noir entraîne souvent la mort.

On craint le mamba noir en Afrique. Sa morsure est mortelle et il a la réputation d'être agressif quand il est menacé. Le fait qu'il est l'un des serpents les plus rapides au monde n'aide pas. Un mamba noir qui est pris au piège ou qui se sent menacé est un animal dangereux.

Le mamba noir peut se déplacer à plus de 12 m/h (20 km/h). C'est toutefois le crotale cornu qui est le serpent le plus rapide au monde. Il se déplace à 18 m/h (29 km/h).

crotale cornu

CHAUD ET SEC

On retrouve des mambas noirs dans plusieurs pays d'Afrique au sud du désert du Sahara. Ils préfèrent les environnements secs. Ils élisent domicile dans les zones rocheuses, le long des rivières et dans les prairies boisées.

termitière

Le mamba noir se déplace principalement sur le sol, mais il lui arrive de monter aux arbres. Il chasse le jour et dort la nuit, dans des arbres creux ou des termitières vides.

LE MAMBA NOIR A LE SANG FROID. SA TEMPÉRATURE CORPORELLE DÉPEND DE LA TEMPÉRATURE DE SON ENVIRONNEMENT.

LA VIE DE FAMILLE

Affirmer que le mamba noir a une vie de famille est peut-être exagéré, mais comme tous les animaux, il doit se **reproduire** pour survivre. La pariade commence quand le mâle engage un combat qui ressemble à une danse avec d'autres mâles. Le gagnant du combat remporte le droit d'accouplement avec la femelle.

Les mambas mâles luttent pour gagner le droit d'accouplement.

Après l'accouplement, le mâle et la femelle ne restent pas ensemble. Environ 60 jours plus tard, la femelle pond des œufs dans un arbre creux ou dans un autre endroit sécuritaire, puis s'en va et ne revient jamais– ce n'est pas ce que l'on peut appeler une vie de famille!

Les bébés mambas ressemblent à de minuscules mambas adultes.

LE MAMBA NOIR

Le mamba noir n'est pas noir. Il est habituellement gris brunâtre sur le dos et blanc grisâtre sur le ventre. Son nom provient plutôt de la couleur noire à l'intérieur de sa bouche.

Le mamba noir est le serpent venimeux le plus long en Afrique, mesurant 14 pieds (4,3 mètres). Il est le deuxième serpent venimeux le plus long au monde, après le cobra royal d'Asie.

LES MAMBAS

Le mamba noir est l'une des quatre **espèces** de mambas. Les quatre espèces sont très rapides et venimeuses. Le mamba noir est un serpent qui vit au sol, alors que les autres vivent dans les arbres.

MAMBA DE JAMESON

CETTE ESPÈCE VIT À LA CHALEUR, EN AFRIQUE CENTRALE.

MAMBA VERT DE L'EST

CETTE ESPÈCE VIT DANS LES RÉGIONS CÔTIÈRES DE L'AFRIQUE DE L'EST.

MAMBA VERT DE L'OUEST

CE SERPENT JAUNE VERDÂTRE VIT DANS LA FORÊT PLUVIALE CÔTIÈRE DE L'AFRIQUE DE L'OUEST.

LE SAVAIS-TU? LE NOMBRE DE RANGÉES D'ÉCAILLES AIDE À DÉTERMINER L'ESPÈCE D'UN SERPENT. LE MAMBA NOIR A ENTRE 248 ET 281 ÉCAILLES SUR SON VENTRE. CES ÉCAILLES L'AIDENT À SE DÉPLACER PLUS VITE SUR LES SURFACES PLANES.

DES ARMES MEURTRIÈRES

ARME NUMÉRO 1 : LES CROCHETS

Le mamba noir a deux crochets à l'avant de la mâchoire supérieure. Les crochets des adultes mesurent environ ¼ pouce (6,5 mm). Ils servent à injecter du venin dans leur **proie**.

ARME NUMÉRO 2 : LE VENIN

Le venin est l'arme la plus meurtrière du mamba. Les jeunes mambas ont 2 ou 3 gouttes de venin dans chaque crochet. Les adultes peuvent avoir 20 gouttes par crochet. Il ne faut que 2 gouttes pour tuer un humain adulte.

ARME NUMÉRO 3 : LA VITESSE

La vitesse est importante pour la survie du mamba noir. Non seulement il se déplace rapidement, mais il attaque aussi en une fraction de seconde. Le venin de mamba noir agit aussi très vite. Il peut **paralyser** ou tuer une proie en quelques minutes.

ARME NUMÉRO 4 : LA COULEUR

La couleur gris brunâtre du mamba est un **camouflage**. Elle aide le serpent à passer inaperçu dans la boue et dans les versants rocheux.

LE MAMBA NOIR AVERTIT SOUVENT SES ENNEMIS AVANT D'ATTAQUER OU DE SE DÉFENDRE. IL SOULÈVE SA TÊTE ET JUSQU'À UN TIERS DE SON CORPS. IL APLATIT SON COU POUR EN FAIRE UNE COLLERETTE, PUIS OUVRE SA BOUCHE NOIRE. IL LUI ARRIVE D'ÉMETTRE UN SIFFLEMENT.

ARME NUMÉRO 5 : DES SENS AIGUS

Le mamba noir a un **organe de Jacobson** dans son museau. L'organe est une zone de cellules **sensorielles.** Quand le mamba darde sa langue, ces cellules aident le serpent à détecter les odeurs et l'humidité dans l'air.

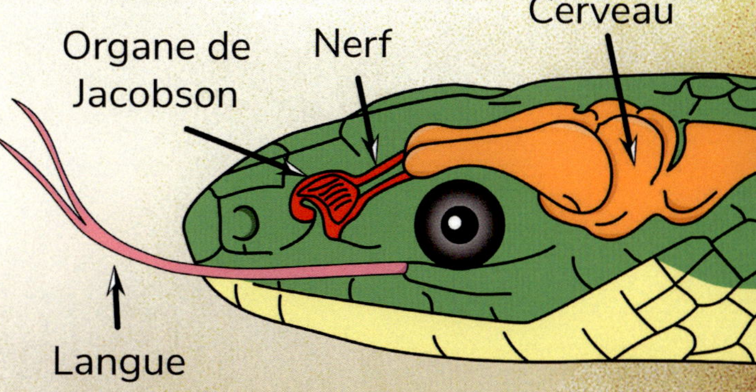

DES CARNIVORES RAMPANTS

Comme tous les serpents, le mamba noir est carnivore–il mange d'autres animaux pour survivre. Le mamba noir chasse des rongeurs, des oiseaux et d'autres serpents. Il a une bonne vue et peut sentir les mouvements. Cependant, le mamba noir chasse avec son odorat, grâce à son organe de Jacobson, pour traquer ses proies.

Les mambas noirs peuvent vivre environ 11 ans à l'état sauvage.

PRÊT À TUER

Parfois, le mamba noir attend patiemment sa proie. Quand une proie d'approche, le mamba attaque. D'autres fois, le serpent utilise sa fameuse vitesse. Il poursuit sa proie et l'attaque en un clin d'œil.

Après avoir injecté son venin à sa victime, le mamba noir se retire et attend que le venin fasse son travail mortel. Ainsi, le mamba est protégé contre les proies qui se débattent.

LE SAVAIS-TU? VENIMEUX DÉCRIT UN FLUIDE DANGEREUX QUI EST INJECTÉ. EMPOISONNÉ DÉCRIT UNE SUBSTANCE DANGEREUSE QUI EST INGÉRÉE.

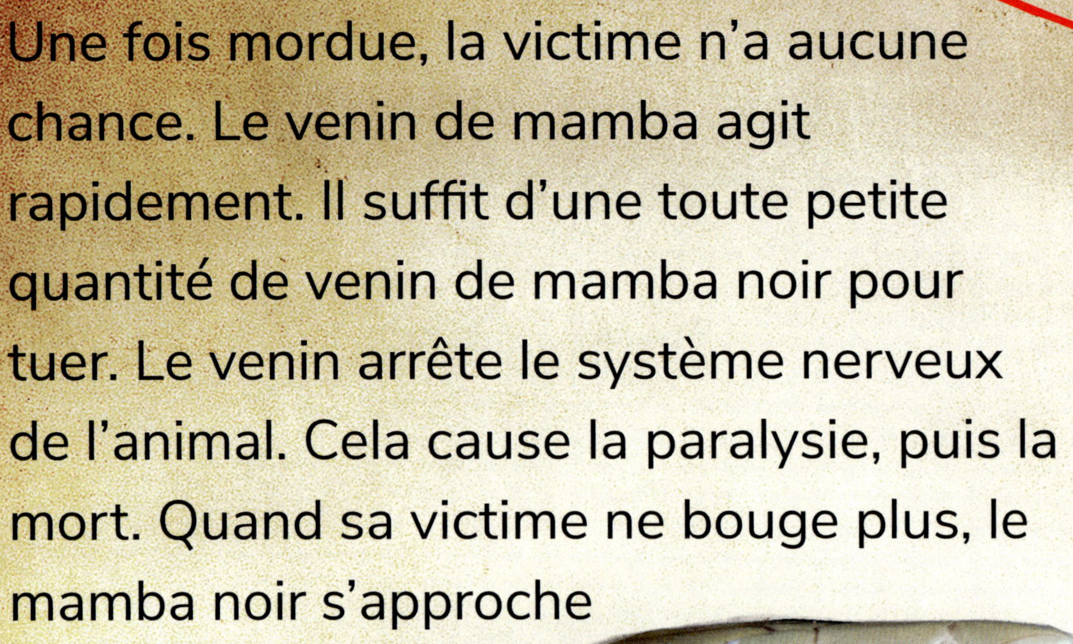

Une fois mordue, la victime n'a aucune chance. Le venin de mamba agit rapidement. Il suffit d'une toute petite quantité de venin de mamba noir pour tuer. Le venin arrête le système nerveux de l'animal. Cela cause la paralysie, puis la mort. Quand sa victime ne bouge plus, le mamba noir s'approche et avale sa proie en entier.

La mâchoire du mamba noir s'ouvre dans deux directions, ce qui lui permet d'avaler des proies beaucoup plus grosses que son crâne.

LES MAMBAS NOIRS ET LES HUMAINS

Les mambas noirs préfèrent vivre loin des humains. Toutefois, la destruction de leur **habitat** les force parfois à vivre près des humains.

Malgré sa réputation d'animal agressif, le mamba noir est habituellement timide. S'il en a l'occasion, il préférera toujours s'enfuir au lieu d'attaquer.

L'ANTIVENIN EST UN TRAITEMENT POUR LES MORSURES ET LES PIQÛRES VENIMEUSES. IL PEUT ARRÊTER LES DOMMAGES, MAIS PAS RÉPARER LES DOMMAGES QUI ONT DÉJÀ ÉTÉ CAUSÉS.

ATTAQUE DE MAMBA!

En 2008, un jeune homme suivait une formation pour être un guide de safari dans un collège de la faune en Afrique du Sud. Un mamba noir a été observé dans un lieu souvent fréquenté par les étudiants. L'étudiant et les membres du personnel ont attrapé le serpent pour écarter le danger. En aidant à mettre le serpent dans un contenant, le jeune homme a dit aux membres du personnel qu'il croyait que le serpent avait frôlé son doigt. En moins d'une heure, la vision de l'étudiant était floue. Il s'est évanoui et est mort peu de temps après. Les médecins ont conclu que l'étudiant était mort d'une morsure de mamba noir. Le jeune homme ne s'était même pas rendu compte qu'il avait été mordu!

LE MAMBA NOIR EST GROS, RAPIDE ET VENIMEUX. C'EST POURQUOI IL EST CONSIDÉRÉ COMME L'UN DES ANIMAUX LES PLUS MEURTRIERS AU MONDE.

Glossaire

camouflage (ka-mou-flaj) : Couleurs qui permettent aux animaux de ressembler à leur environnement

espèces (èss-pèss) : Un certain type d'animal ou de plante

habitat (a-bi-ta) : L'endroit naturel où une plante ou un animal vit

sang froid (san froa) : Animaux dont la température corporelle change selon la température de leur environnement

organe de Jacobson (or-gann de ja-kob-sonn) : Une partie du corps située au palais de plusieurs animaux qui les aide à sentir les choses

paralyser (pa-ra-li-zé) : Rendre incapable de bouger

proie (proa) : Un animal qui est chassé et mangé par un autre animal

reproduire (re-pro-duir) : Produire une descendance

sensorielle (san-sso-riel) : Relatif aux sens de l'odorat, de l'ouïe, de la vue, du goût et du toucher

vaste (vasst) : Une énorme région

venimeux (ve-ni-meu) : Animaux qui transmettent un fluide empoisonné par injection

Index

Sites Web à Consulter

https://kids.britannica.com/kids/article/mamba/543521

www.krugerpark.co.za/krugerpark-times-17-facts-about-the-black-mamba.html

https://kids.kiddle.co/Black_mamba

À PROPOS DE L'AUTRICE

Amy Culliford

Amy Culliford a un baccalauréat en beaux-arts. Elle est professeure d'art dramatique et dirige des programmes parascolaires d'art dramatique. Elle évite les animaux meurtriers en tout genre

L'autrice souhaite remercier David et Patricia Armentrout pour leur recherche et leur aide dans le cadre de ce projet.

Production : Blue Door Education pour Crabtree Publishing
Autrice : Amy Culliford
Conception : Jennifer Dydyk
Révision : Tracy Nelson Maurer
Correctrice : Crystal Sikkens
Traduction : Annie Evearts
Coordinatrice à l'impression : Katherine Berti

Références photographiques : Photo de la couverture © Robin Winkelman | Dreamstime.com, éclaboussure rouge sur la couverture et dans le livre © Andrii Symonenko /Shutterstock.com, p. 4 © Susan Schmitz/Shutterstock.com, p. 5 (carte) © maodoltee/Shutterstock.com, mamba p. 5, 6, 8 © NickEvansKZN/Shutterstock.com, p. 7 © Fine Art Photos/Shutterstock.com, p. 6-7 (image en arrière-plan) © Giordano Aita/Shutterstock.com, p. 8 (globe terrestre) © MarcelClemens/Shutterstock.com, p. 9 (haut) © Vadim Petrakov/Shutterstock.com, (bas) © Tallies/Shutterstock.com, p. 10 © © Gerhardt Nieuwoudt https://creativecommons.org/ licenses/by-sa/1.0/deed.en, p. 11 (haut) © Dylan leonard/ Shutterstock.com, (bas) © NickEvansKZN/ Shutterstock.com, p. 12-13 (photo en arrière-plan) © sarintra chimphoolsuk/Shutterstock.com, p. 12 © reptiles4all/Shutterstock.com, p. 13 (haut) © NickEvansKZN/ Shutterstock.com, (bas) © Pieter Oosthuizen/Shutterstock.com, p. 14-15 (photo en arrière-plan) © Manamana, p. 14 © Jiri Prochazka/Shutterstock.com, p. 15 (haut) © himanshu_alwaria/Shutterstock. com, (bas) © J.A. Dunbar, p. 16 © Jorgen Mus/Shutterstock.com, p. 17 © Joe McDonald/Shutterstock.com, p. 18 © Cormac Price/Shutterstock.com, p. 19 (haut) © Stu Porter/Shutterstock.com, (bas) © © Fred the Oyster (Wikipedia) https://creativecommons.org/licenses/by-sa/4.0/, p. 20-21 (photo en arrière-plan) © Manamana, p. 20 © Reptiles4all/Shutterstock.com, p. 21 (haut) © NickEvansKZN/Shutterstock. com, (bas) © Tobie Oosthuizen/Shutterstock.com, p. 22 © Tad Arensmeier (Wikipedia) https:// creativecommons.org/licenses/by-sa/3.0/deed.en, p. 23 (haut) © NickEvansKZN/Shutterstock.com, (illustration du bas) © Martial Red/Shutterstock.com, p. 24 © reptiles4all/Shutterstock.com, p. 25 © Karl van der Westhuizen/Shutterstock.com, p. 26 © Karl O'Neill /Shutterstock.com, p. 27 (haut) © Andrea Izzotti/Shutterstock.com, (bas) (extraction du venin d'un serpent) © MemoryMan/Shutterstock. com, (fioles) © SashaMagic/Shutterstock.com, p. 28 © Stu Porter/Shutterstock.com, p. 29 © NickEvansKZN/ Shutterstock.com

---

Crabtree Publishing Company
www.crabtreebooks.com 1-800-387-7650

Publié aux États-Unis
Crabtree Publishing
347 Fifth Avenue
Suite 1402-145
New York, NY, 10016

Publié au Canada
Crabtree Publishing
616 Welland Ave.
St. Catharines, Ontario
L2M 5V6

Imprimé au Canada/082021/CPC

Catalogage avant publication de Bibliothèque et Archives Canada

Available at the Library and Archives Canada